मुंशी प्रेमचंद

An imprint of Om Books International

First published in 2017 by

Om KIDZ
An imprint of Om Books International

Corporate & Editorial Office
A 12, Sector 64, Noida 201 301
Uttar Pradesh, India
Phone: +91 120 477 4100
Email: editorial@ombooks.com
Website: www.ombooksinternational.com

Sales Office
107, Ansari Road, Darya Ganj,
New Delhi 110 002, India
Phone: +91 11 4000 9000
Fax: +91 11 2327 8091
Email: sales@ombooks.com
Website: www.ombooks.com

ISBN : 978-93-84225-23-0

Printed in India

10 9 8 7 6 5 4 3 2 1

अनुक्रम

बचपन

मुंशी प्रेमचंद के नाम से मशहूर हुए धनपत राय आधुनिक हिंदुस्तानी साहित्य के प्रमुख लेखक थे। भारतीय उपमहाद्वीप के सबसे अधिक चर्चित लेखकों में से एक प्रेमचंद का जन्म 31 जुलाई, 1880 को वाराणसी के पास लमही गाँव में हुआ था। अपने माता-पिता की वे चौथी संतान थे।

प्रेमचंद के पिता अजायब लाल डाकख़ाने में लिपिक थे और माँ आनंदी देवी गृहिणी थीं।

उनके माता-पिता ने उनका नाम 'धनपत राय' रखा था। उनके धनी ज़मींदार चाचा महावीर उन्हें प्यार से 'नवाब' कहते थे। प्रेमचंद ने सबसे पहले नवाब राय के नाम से ही लेखन शुरू किया था।

सात साल की उम्र में उनका नाम लमही के पास स्थित लालपुर के एक मदरसे में लिखाया गया। वहीं पर एक मौलवी से उन्होंने उर्दू और फ़ारसी सीखी। इसके बाद उनका नाम मिशनरी स्कूल में लिखाया गया जहाँ पर उन्होंने अंग्रेज़ी सीखी।

जब वे सात साल के थे, तभी उनकी माँ का देहांत हो गया था। उनके पालन-पोषण की ज़िम्मेदारी उनकी दादी पर आ गई लेकिन कुछ ही दिनों में दादी का भी देहांत हो गया।

उनकी बड़ी बहन की शादी हो चुकी थी, और पिता अपने काम में व्यस्त रहते थे। ऐसे में अपनी दादी के देहांत के बाद प्रेमचंद अकेला महसूस करने लगे थे।

कुछ समय बाद, उनके पिता ने दोबारा शादी कर ली। उनकी सौतेली माँ का स्वभाव बहुत कठोर था और अपने सौतेले बेटे से उन्हें बिलकुल स्नेह नहीं था। बालक प्रेमचंद का बचपन बहुत कठिनाई और अकेलेपन में बीता, इसलिए उनका रुझान किताबों की ओर हो गया और वे बहुत लगनशील पाठक बन गए।

1890 के दशक के मध्य में प्रेमचंद का प्रवेश वाराणसी के क्वींस कॉलेज में कराया गया।

1895 में केवल 15 साल की उम्र में उनकी इच्छा के विरुद्ध उनका विवाह कर दिया गया। रिश्ता उनके सौतेले

नाना ने कराया था। लड़की धनी परिवार की थी और उम्र में प्रेमचंद से बड़ी थी। विवाह अधिक दिन नहीं चल सका क्योंकि उनकी पत्नी बहुत झगड़ालू थी। 1899 में शादी टूट गई।

1897 में, जब प्रेमचंद 16 साल के थे, तभी एक और त्रासदी का सामना उन्हें करना पड़ा। उनके पिता का देहांत हो गया। सौतेली माँ और सौतेले भाई-बहनों की ज़िम्मेदारी अब प्रेमचंद के कंधों पर आ गई। मैट्रिक

की परीक्षा में वे द्वितीय श्रेणी ला सके, और उन्हें पढ़ाई छोड़ने पर मजबूर होना पड़ा, क्योंकि क्वींस कॉलेज में केवल प्रथम श्रेणी पाने वाले विद्यार्थियों को ही छात्रवृत्ति मिलती थी।

समय बहुत मुश्किल था, इसलिए प्रेमचंद ने वाराणसी में एक वकील के लड़के को ट्यूशन पढ़ानी शुरू कर दी। वकील के अस्तबल में ही मिट्टी से बनी झोपड़ी में वे रहने भी लगे।

उन्हें पाँच रुपए महीना मिलने लगा और इससे उनकी ज़रूरतें कुछ हद तक पूरी होने लगीं।

उन दिनों में घर से दूर रहने के दौरान प्रेमचंद ने बहुत सारी किताबें पढ़ डालीं।

बाद में, उन्होंने वाराणसी के सरकारी स्कूल में सहायक शिक्षक की नौकरी भी की।

1902 में उन्हें गोरखपुर में एक स्कूल में हेडमास्टर नियुक्त किया गया। दो साल बाद, 1904 में उन्हें विद्यालय उपनिरीक्षक बनाकर कानपुर भेज दिया गया।

शुरुआती जीवन

प्रेमचंद मई 1905 से जून 1909 तक, लगभग चार वर्षों तक कानपुर में रहे। कानपुर में ही उनकी मुलाकात *ज़माना* पत्रिका के संपादक दया नारायण निगम से हुई। राजनीतिक घटनाक्रम में गहरी दिलचस्पी तो प्रेमचंद की थी ही, इसलिए वे *ज़माना* में अक्सर लेख लिखने लगे।

शाम के समय वे निगम और अन्य मित्रों के साथ गंभीर चर्चा किया करते थे।

स्वतंत्रता हासिल करने के लिए वे गोखले के तरीकों को पसंद नहीं करते थे। उन्हें बाल गंगाधर तिलक की उग्र शैली सही लगती थी।

जल्द ही, उन्होंने उर्दू पत्रिका *ज़माना* में राष्ट्रीय और अंतरराष्ट्रीय घटनाक्रमों पर स्तंभ लिखने शुरू कर दिए।

1905 में उन्होंने *ज़माना* में भारतीय राष्ट्रीय कांग्रेस के एक वरिष्ठ नेता गोपालकृष्ण गोखले के बारे में एक लेख लिखा।

कानपुर में नियुक्ति के दौरान प्रेमचंद गर्मियों की छुट्टियों में अपने गाँव लमही जाया करते थे। हालाँकि, वे कभी इन छुट्टियों का आनंद नहीं ले पाए क्योंकि वह मौसम लेखन के लिए अनुकूल नहीं होता था। इसके अलावा, वहाँ पर उनकी पत्नी और सौतेली माँ के बीच झगड़ा भी होता रहता था, जिससे उनका मन बहुत खिन्न हो जाता था। प्रेमचंद की पहली शादी ज़्यादा दिनों तक नहीं चली।

1906 में प्रेमचंद ने दोबारा विवाह करने का निश्चय किया। उनकी दूसरी पत्नी शिवरानी देवी एक बाल-विधवा थी। उनके पिता फतेहपुर के पास के ज़मींदार थे। उन दिनों विधवा पुनर्विवाह नहीं होते थे।

किसी विधवा से विवाह करना बहुत क्रांतिकारी कदम था और प्रेमचंद के इस निर्णय का बहुत कड़ा सामाजिक विरोध हुआ। प्रेमचंद की मौत के बाद शिवरानी देवी ने उन पर एक किताब लिखी थी–*प्रेमचंद घर में*।

नवाब से प्रेमचंद तक

प्रेमचंद को बचपन से ही पढ़ने का बहुत शौक था। अपनी माँ के देहांत के बाद, वे पढ़ने में ही सुकून तलाश करते थे। किताबों से उनका प्यार इस हद तक था कि एक बार तो उन्होंने एक पुस्तक विक्रेता के यहाँ नौकरी ही इसलिए कर ली थी कि वहाँ पर उन्हें पढ़ने के लिए बहुत सारी किताबें मिल सकें।

स्कूल में उनका परिचय कहानियों की अनेक विधाओं से हुआ। उन्हें जॉर्ज डब्ल्यू एम रेनॉल्ड की द *मिस्ट्रीज़ ऑफ़ द कोर्ट ऑफ लंदन* के आठ भाग भी पढ़ने को मिले।

प्रेमचंद का पहला साहित्यिक लेखन कभी प्रकाशित नहीं हो सका और अब वह उपलब्ध भी नहीं है।

लेखक के रूप में प्रेमचंद का जन्म इलाहाबाद में हुआ। अपने साहित्यिक जीवन की शुरुआत उन्होंने उर्दू में कहानियाँ लिखकर की।

उस समय वे नवाब राय के नाम से लिखा करते थे। अपने पहले उपन्यास *असरार-ए-मआबिद* (ईश्वर के घर का रहस्य) मंदिरों में पुजारियों के भ्रष्टाचार के बारे में था। इस उपन्यास का प्रकाशन धारावाहिक के रूप में उर्दू साप्ताहिक *आवाज़-ए-खल्क* में अक्टूबर 1903 से फरवरी 1905 के बीच हुआ।

प्रेमचंद की पहली प्रकाशित कहानी *दुनिया का सबसे अनमोल रत्न* थी, जो 1907 में *ज़माना* में भी प्रकाशित हुई थी। यह कहानी समृद्ध सामाजिक संदर्भ के साथ प्राचीन कहानी के रूप में थी। इस कहानी में उन्होंने देशभक्ति का तीव्र भाव लिए एक प्रश्न प्रस्तुत किया था, इस पृथ्वी पर सबसे मूल्यवान चीज़ क्या है; 'देश की स्वतंत्रता के लिए बहाए जाने वाले रक्त की अंतिम बूँद' ।

زمانہ

1908 में, प्रेमचंद ने *सोज़-ए-वतन* कथा-संग्रह के लिए पाँच देशभक्तिपूर्ण कहानियाँ लिखीं, जिनका प्रकाशन 1908 में *ज़माना* में हुआ।

1909 में प्रेमचंद का तबादला महोबा कर दिया गया और फिर उन्हें विद्यालय उपनिरीक्षक के रूप में हमीरपुर भेज दिया गया। यहीं पर वे पेचिश से पीड़ित हो गए और यह रोग फिर उन्हें जीवन भर बना रहा।

इसी समय ब्रिटिश सरकार ने *सोज़-ए-वतन* को भड़काऊ घोषित कर दिया। ब्रिटिश अधिकारियों के अनुसार, यह किताब भारतीयों को सरकार के विरुद्ध लड़ने के लिए भड़का रही है।

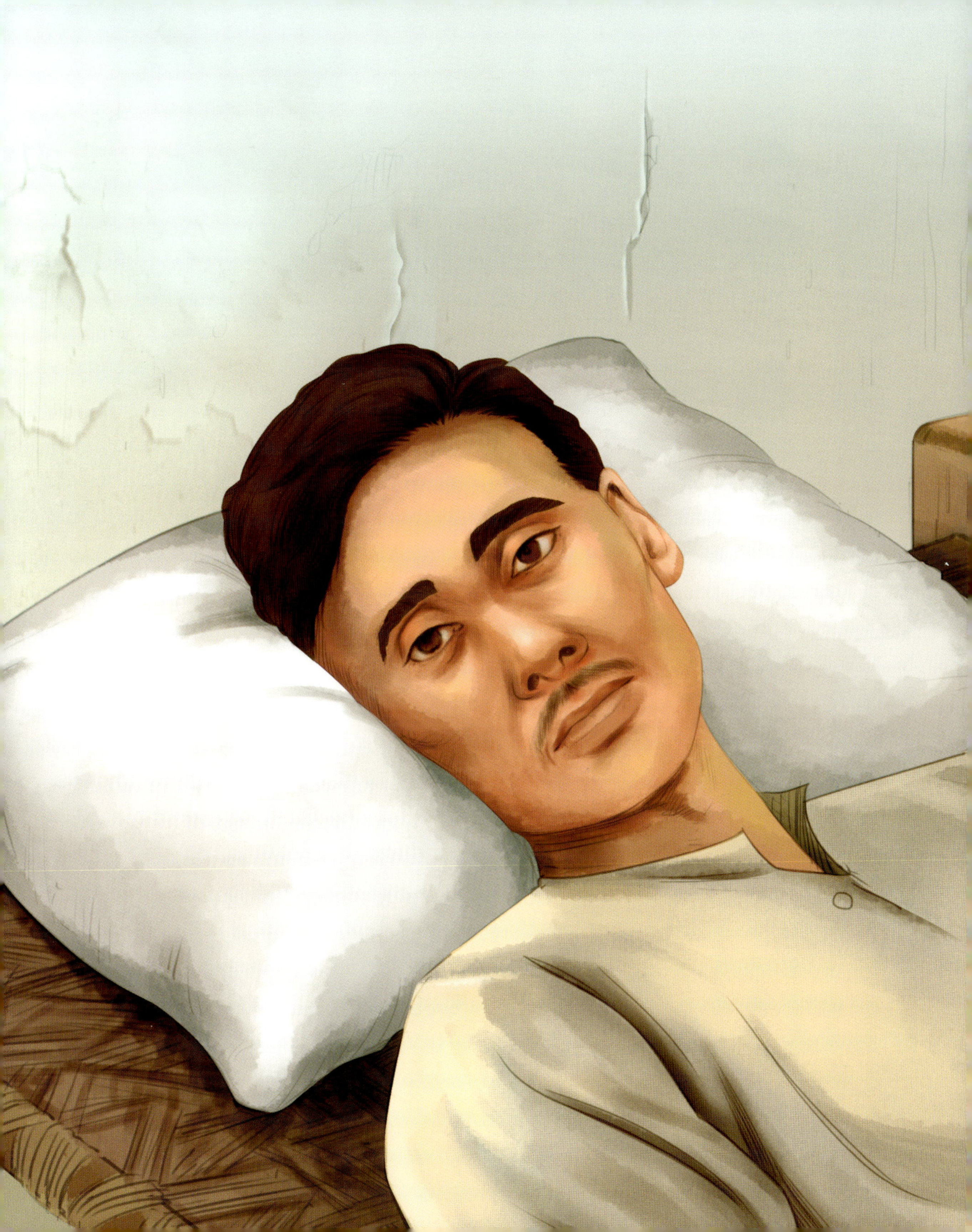

हमीरपुर ज़िले के कलेक्टर ने प्रेमचंद के घर पर छापा डलवाया और *सोज़-ए-वतन* की करीब पाँच सौ प्रतियाँ जलवा दीं। प्रेमचंद पर पाबंदी लगा दी गई कि वे बिना सरकारी अनुमति के कुछ भी नहीं लिख सकते।

नवाब राय के नाम से लिखने का अब कोई मतलब नहीं रहा, तो धनपत राय ने अपना नाम प्रेमचंद कर लिया और अब वे इसी नाम से लिखने लगे।

लेखन में सफलता

1914 में प्रेमचंद का तबादला बस्ती ज़िला कर दिया गया। उस समय तक वे उर्दू के कहानीकार के रूप में स्थापित तो हो चुके थे, लेकिन उर्दू में लिखने में कमाई कुछ ख़ास नहीं हो पाती थी, इसलिए उन्होंने हिंदी में लिखना शुरू कर दिया।

उनकी पहली हिंदी कहानी *सौत* 'सरस्वती' पत्रिका में दिसंबर 1915 में छपी।

अगस्त 1916 में जब उनका तबादला गोरखपुर किया गया तो उनकी दोस्ती पुस्तक विक्रेता बुद्धिलाल से हो गई। स्कूलों में परीक्षा गाइड बेचने के बदले बुद्धिलाल उन्हें उपन्यास पढ़ने के लिए देने लगे।

प्रेमचंद को अन्य भाषाओं का साहित्य पढ़ने का भी भारी शौक था। उन्होंने अनेक किताबों का दूसरी भाषा से हिंदी में अनुवाद किया।

उनकी पहला हिंदी कहानी संग्रह *सप्त सरोज* जून 1917 में प्रकाशित हुआ।

1919 में प्रेमचंद का पहला प्रमुख उपन्यास *सेवासदन* हिंदी में प्रकाशित हुआ। उपन्यास मूल रूप से उर्दू में *बाज़ार-ए-हुस्न* नाम से लिखा गया था, लेकिन प्रकाशन इसका पहले हिंदी में हुआ जो कोलकाता के एक प्रकाशक ने छापा था।

प्रेमचंद को इसके लिए 450 रुपए मिले थे।

इस उपन्यास में एक दुखी गृहिणी की कहानी थी जो पहले एक वेश्या बन जाती है, और फिर वेश्याओं की बच्चियों के लिए एक आश्रम चलाने लगती है। समीक्षकों ने इस उपन्यास की बहुत सराहना की जिससे प्रेमचंद को काफ़ी ख्याति प्राप्त हुई।

उस दौर के अधिकतर लेखक या तो काल्पनिक कहानियाँ लिखते थे या फिर पौराणिक। प्रेमचंद ने हिंदी साहित्य में यथार्थवाद की शुरुआत की, जिसे उस समय क्रांतिकारी घटनाक्रम माना जाता था।

उनकी कहानियों में दहेज, ग़रीबी, भ्रष्टाचार और ज़मींदारी जैसी सामाजिक मुद्दे रहते थे।

बीसवीं शताब्दी के वे पहले लेखक थे जिन्होंने कहानियों को सामाजिक उद्देश्य के साथ प्रस्तुत करना शुरू किया।

अन्य समकालीन लेखकों के विपरीत, उनके उपन्यासों में सामान्य तौर पर कोई नायक नहीं होता था।

उपन्यासकार, कहानी लेखक, पटकथा लेखक और नाटकककार प्रेमचंद को 'उपन्यास सम्राट' कहा जाता है।

सरस्वती प्रेस

प्रेमचंद के जीवन में दुख की एक और बड़ी घटना तब हुई जब उनके सबसे छोटे बेटे की मौत चेचक से हो गई। कुछ समय बाद प्रेमचंद स्वयं बीमार पड़ गए। उनकी आर्थिक दशा भी कमज़ोर होती जा रही थी।

सरकारी स्कूल की अपनी शिक्षक की नौकरी से भी वे तंग आ चुके थे। उनकी बड़ी इच्छा थी कि वे एक जगह स्थायी रूप से रहें और अपने को प्रकाशन के काम में लगा दें।

1921 में शारीरिक रूप से दुरुस्त न होते हुए भी उन्होंने अपनी पत्नी की सहमति से 21 साल की सरकारी नौकरी छोड़ देने का निश्चय किया।

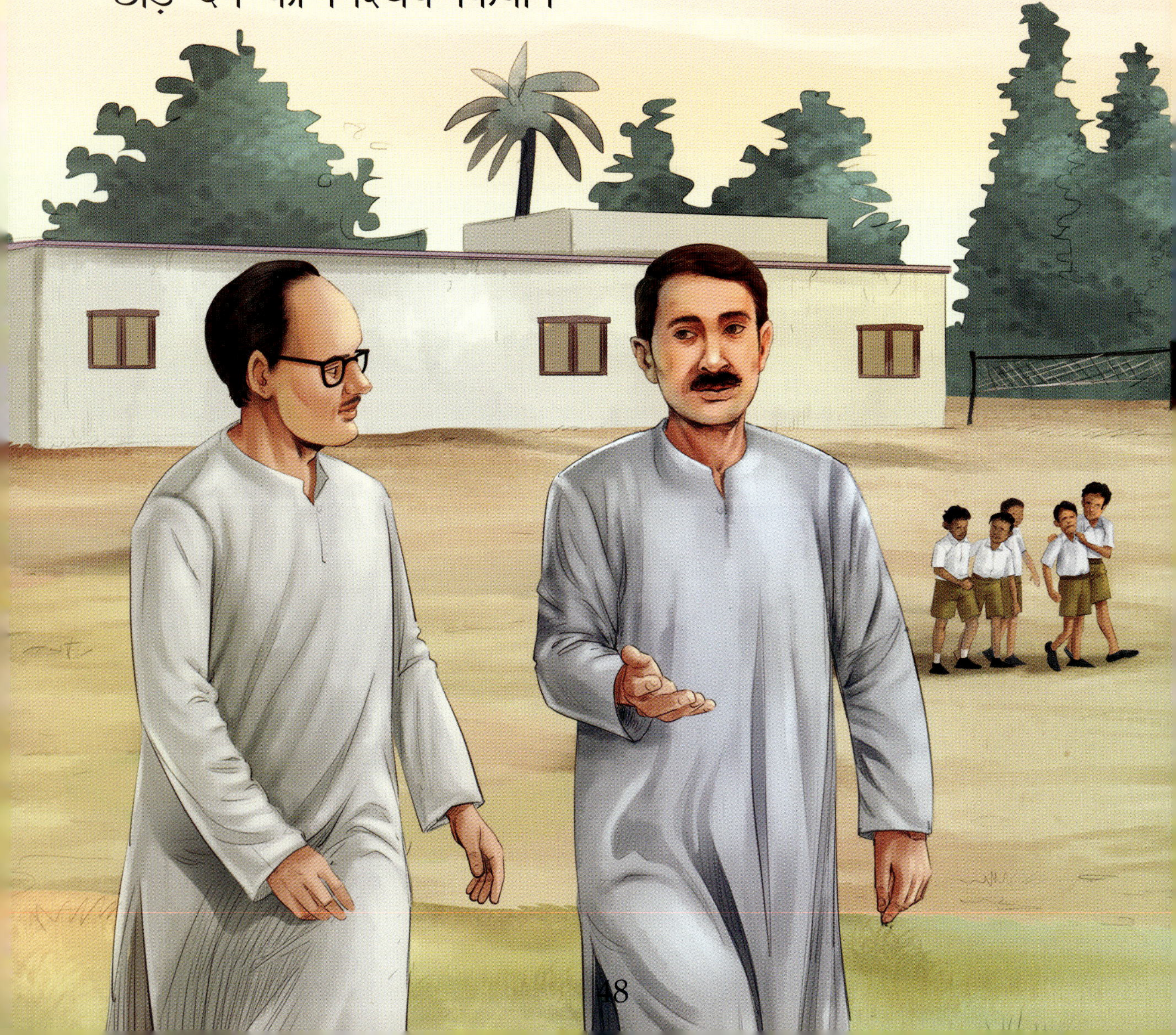

ख़र्चा चलाने के लिए उन्होंने मासिक पत्र *मर्यादा* के संपादक की नौकरी कर ली। हालाँकि, यहाँ भी दुर्भाग्य ने उनका पीछा नहीं छोड़ा और उन्हें ये नौकरी गँवानी पड़ी। किसी तरह से वे काशी विद्यापीठ, वाराणसी में हेडमास्टर की नौकरी पा गए।

आखिरकार, 1923 में वे वाराणसी में अपना प्रिंटिंग प्रेस और प्रकाशन गृह स्थापित कर पाए, जिसे उन्होंने सरस्वती प्रेस नाम दिया।

1924 में प्रेमचंद के उपन्यास *रंगभूमि* का प्रकाशन हुआ, जिसमें उन्होंने सूरदास नाम के नेत्रहीन भिखारी को मुख्य पात्र के रूप में प्रस्तुत किया। इस पुस्तक को हर ओर से सराहना मिली।

प्रेमचंद की रचनाशीलता इस समय अपने सर्वश्रेष्ठ स्तर पर थी। उन्होंने *शतरंज के खिलाड़ी* और *सवा सेर गेंहूँ* जैसी अपनी सर्वाधिक चर्चित कहानियाँ भी लिखीं।

उनकी अन्य महत्वपूर्ण कृतियों में उपन्यास *निर्मला* भी शामिल है जिसमें भारत में फैली दहेज प्रथा का चित्रण किया गया था। इसका प्रकाशन पहले *चाँद* पत्रिका ने 1926 में किया था, बाद में इसे उपन्यास के रूप में प्रकाशित किया गया।

उनकी एक और प्रसिद्ध रचना *प्रतिज्ञा* है जिसमें उन्होंने विधवा पुनर्विवाह को विषय बनाया था।

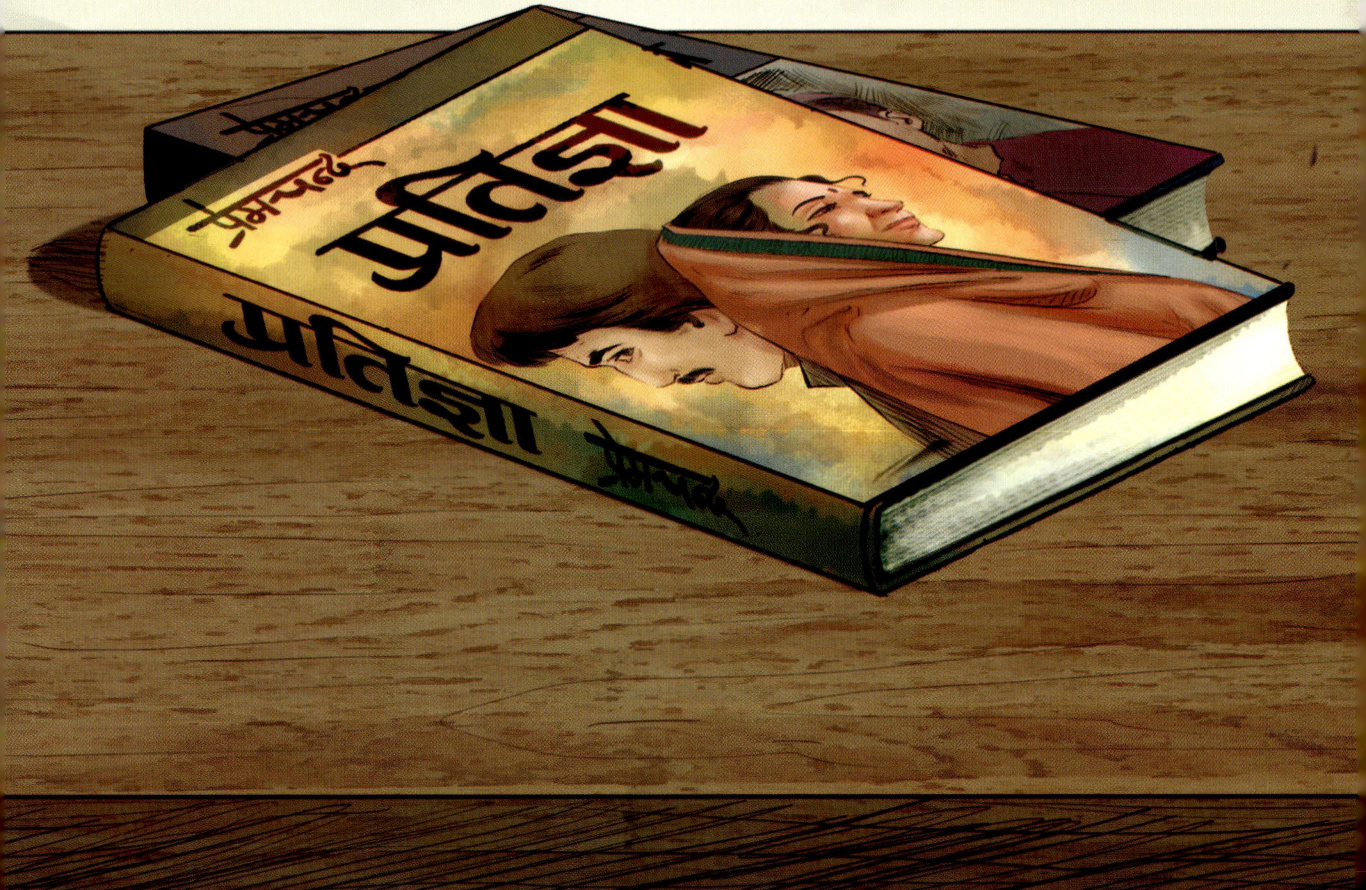

हंस

मार्च 1930 में प्रेमचंद ने भारतीयों को ब्रिटिश सत्ता के विरुद्ध एकजुट करने के लिए साहित्यिक-राजनीतिक साप्ताहिक पत्रिका *हंस* का प्रकाशन शुरू किया। जब ये पत्रिका घाटे में चली तो प्रेमचंद ने *जागरण* नाम से एक और पत्रिका शुरू की, लेकिन यह भी घाटे में चली।

मुंबई में प्रेमचंद

1934 में प्रेमचंद मुंबई पहुँचे। आर्थिक दशा निराशाजनक ही थी, इसलिए उन्होंने हिंदी फिल्मों में हाथ आज़माने का निश्चय किया। उन्होंने 'अंजता सिनेटोन' प्रोडक्शन हाउस के लिए पटकथा लिखने का काम स्वीकार किया जिसके लिए उनका वेतन सालाना 8000 रुपए तय हुआ।

वे दादर में रहने लगे, और उन्होंने फ़िल्म *मज़दूर* की पटकथा लिखी। फ़िल्म का निर्देशन मोहन भवनानी ने किया था, जिसमें उन्होंने मज़दूरों की बदहाली का चित्रण किया था। प्रेमचंद ने खुद भी इसमें मज़दूर नेता का एक विशिष्ट किरदार निभाया था।

ये फ़िल्म बहुत संवेदनशील विषय पर थी, इसलिए इसके रिलीज़ होने में बहुत मुश्किलें आईं। हालाँकि, इसे लाहौर और दिल्ली में रिलीज़ करने में सफलता मिल गई थी, लेकिन मिल मज़दूरों की हड़तालों की ख़बरें मिलने पर इसे प्रतिबंधित कर दिया गया।

विडंबना यह रही कि इस फ़िल्म ने प्रेमचंद के वाराणसी स्थित प्रेस के कामगारों को भी उत्तेजित कर दिया और वेतन न मिलने पर उन्होंने भी हड़ताल कर दी थी।

प्रेमचंद ने जिस प्रिंटिंग प्रेस में अपने जीवन भर की कमाई लगाई थी, वह घाटे में चल रहा था। उनके भाई ने भी इसमें पैसा लगाया था, लेकिन उससे भी कुछ फ़ायदा नहीं हुआ।

1934 - 35 में प्रेमचंद के सरस्वती प्रेस पर 4000 रुपए का भारी-भरकम कर्ज़ा हो गया और उनके पास जागरण का प्रकाशन बंद करने के अतिरिक्त कोई और उपाय नहीं बचा।

इस बीच, प्रेमचंद को फ़िल्म उद्योग का कारोबारी रुझान पसंद नहीं आ रहा था और वे वापस वाराणसी लौटना चाहते थे।

अंतिम दिन

मुंबई छोड़ने के बाद प्रेमचंद इलाहाबाद में बसना चाहते थे, जहाँ उनके बेटे श्रीपत राय और अमृत राय पढ़ रहे थे। उन्होंने इलाहाबाद से ही *हंस* का प्रकाशन करने की योजना बनाई।

हालाँकि, अपनी खराब आर्थिक स्थिति और गिरते स्वास्थ्य के कारण उन्होंने *हंस* को भारतीय साहित्य परिषद के हवाले कर दिया और वाराणसी लौट गए।

बाद में, प्रेमचंद 1936 में लखनऊ में प्रगतिशील लेखक संघ के प्रथम अध्यक्ष निर्वाचित हुए।

गोदान उनका अंतिम पूर्ण उपन्यास था, जिसे उनकी सर्वश्रेष्ठ रचना माना जाता है।

गोदान को हिंदी के सर्वश्रेष्ठ उपन्यासों में से एक माना जाता है। इसमें मुख्य पात्र होरी एक निर्धन किसान है जिसकी एक गाय पालने की बहुत इच्छा थी जो कि ग्रामीण भारत में समृद्धि और प्रतिष्ठा का प्रतीक मानी जाती है।

समें एक निर्धन व्यक्ति अपनी मृत पत्नी के अंतिम संस्कार के लिए पैसे जुटाता है, लेकिन उसे खाने-पीने में ख़र्च कर देता है।

प्रेमचंद की अंतिम प्रकाशित कहानी *क्रिकेट मैच* थी, जो 1938 में उनके देहांत के बाद *ज़माना* में प्रकाशित हुई थी। 8 अक्टूबर 1936 को लंबी बीमारी के बाद उनका देहांत हो गया।

रवींद्रनाथ टैगोर जैसे अन्य चर्चित समकालीन लेखकों के विपरीत, प्रेमचंद को उनके जीवनकाल में भारत से बाहर ज़्यादा सराहना नहीं मिल सकी। उनकी मृत्यु के बाद ही उनकी अनेक रचनाओं के अंग्रेज़ी, रूसी और अन्य विदेशी भाषाओं में अनुवाद प्रकाशित हुए।

OTHER TITLES IN THIS SERIES

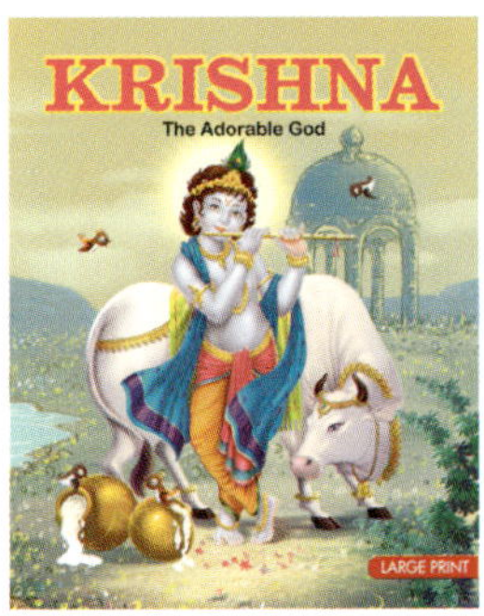

OTHER TITLES IN THIS SERIES

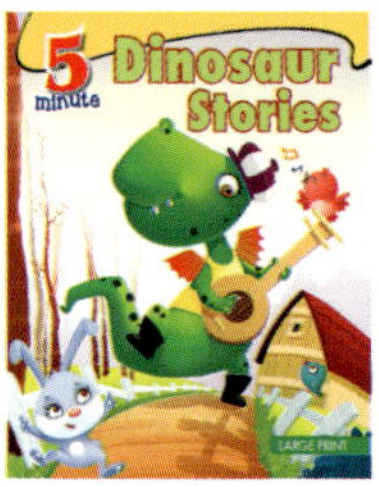

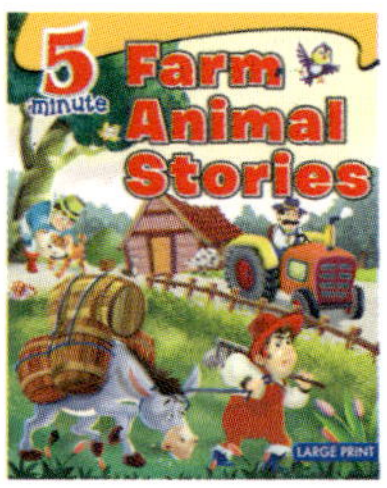

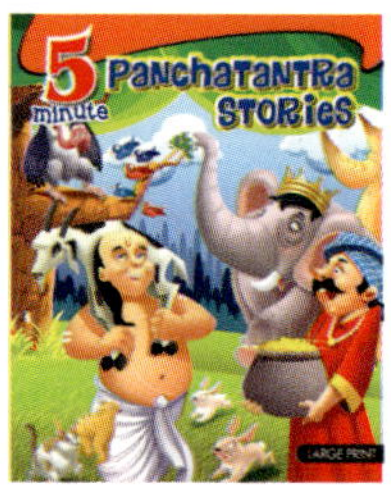

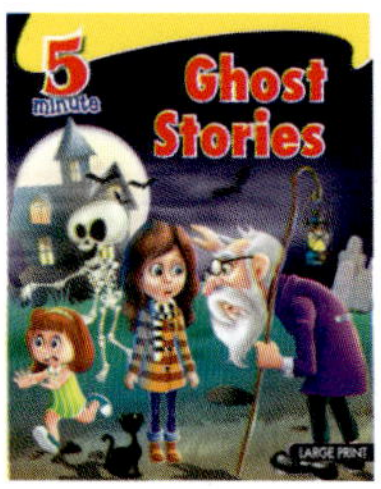

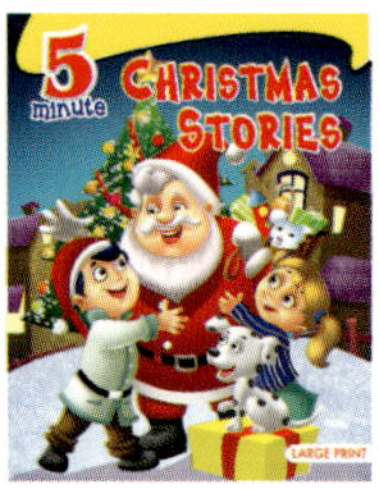

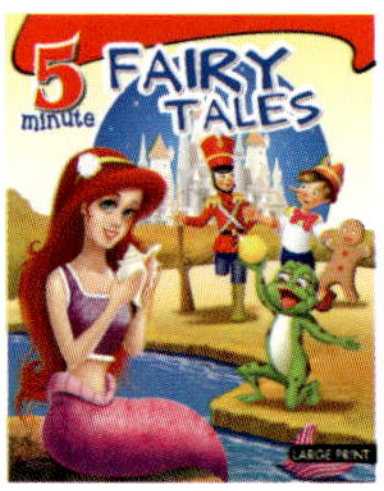

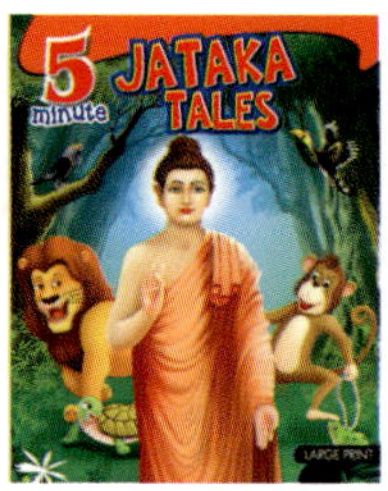

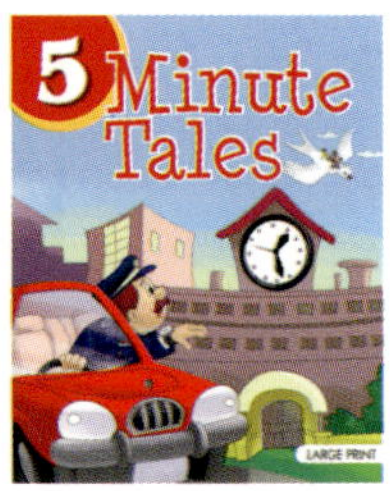